Pe. Paulo Maria Tonucci

TREZENA DE SANTO ANTÔNIO

Citações bíblicas: *Bíblia Sagrada*. Tradução da CNBB, 2. ed., 2002.

17ª edição – 2015

2ª reimpressão – 2020

Paulinas

Rua Dona Inácia Uchoa, 62
04110-020 – São Paulo – SP (Brasil)
Tel.: (11) 2125-3500
http://www.paulinas.com.br – editora@paulinas.com.br
Telemarketing e SAC: 0800-7010081

INTRODUÇÃO

Este pequeno livro quer ser, para todos os devotos de Santo Antônio, um subsídio para a trezena.

Além da reza costumeira, vocês podem enriquecer sua devoção lendo, a cada dia, um fato da vida do santo. Colocamos também, para cada dia, um trecho da Sagrada Escritura, para reflexão, e uma oração.

Que Santo Antônio, que tinha um profundo amor pela Bíblia, nos acompanhe neste esforço de seguir o Senhor!

Oração eficaz

Lembrai-vos, ó glorioso Santo Antônio,
amigo do menino Jesus,
filho querido de Maria Imaculada,
de que nunca se ouviu dizer
que algum daqueles que tenha recorrido a vós
e implorado a vossa proteção
tenha sido por vós abandonado.
Animado de igual confiança,
venho a vós, ó fiel consolador dos aflitos,
gemendo sob o peso dos meus pecados;
e, embora pecador, ouso aparecer diante de vós.
Não rejeiteis, pois, a minha súplica,
vós que sois tão poderoso no coração de Jesus,
mas escutai-a favoravelmente
e dignai-vos atendê-la.
Amém.

1º DIA

No dia 15 de agosto de 1195, em Lisboa, Portugal, nasceu aquele que seria Santo Antônio.

Foi batizado com o nome de Fernando.

No dia do Batismo, a mãe consagrou-o a Deus e a Nossa Senhora. O pai era governador de Lisboa e, por essa razão, o menino tinha contato fácil com o luxo e com a vida palaciana.

Todos podemos imaginar o ambiente de orgulho e ostentação que reina nesses lugares. O nosso Fernando passou vitorioso em meio a essas tentações, conservando-se humilde e desligado do luxo e das riquezas, sempre compreensivo e atencioso para com todos.

Para ele, responder ao chamado que sentia, um chamado para seguir bem de perto o Senhor, não foi fácil. Mas superou todas as dificuldades com oração e força de vontade.

Leitura bíblica: Marcos 1,16-20

Caminhando à beira do mar da Galileia, Jesus viu Simão e o irmão deste, André, lançando redes ao mar, pois eram pescadores. Então lhes disse: "Segui-me, e eu farei de vós pescadores de homens". E eles, imediatamente, deixaram as redes e o seguiram. Prosseguindo um pouco adiante, viu também Tiago, filho de Zebedeu, e seu irmão, João, consertando as redes no barco. Imediatamente, Jesus os chamou. E eles, deixando o pai, Zebedeu, no barco com os empregados, puseram-se a seguir Jesus.

Reflexão

Confiando na graça de Deus, o jovem Antônio superou as dificuldades para seguir a Jesus. Também nós, cristãos, podemos vencer as dificuldades do caminho da fé, se confiarmos na graça de Deus. Com Jesus, podemos superar nosso egoísmo e toda atração para o mal. É uma questão de fé, de confiança em Deus. Temos essa fé, essa confiança?

Oração

Senhor Jesus, nossa riqueza e salvação. Concede-nos fé e confiança em tua graça, para que te sejamos fiéis todos os dias de nossa vida. Tu que vives e reinas com o Pai, na unidade do Espírito Santo. Amém!

2º DIA

Fernando queria responder ao chamado de Deus, que o convidava a segui-lo mais de perto. Por isso, aos 15 anos de idade, decidiu tornar-se padre.

Entrou no convento dos agostinianos. Ingressando nessa comunidade, renunciou a todos os direitos e às propriedades do pai.

Lá passou dez anos estudando, sobretudo, a Sagrada Escritura. Desejava, porém, dedicar-se sempre mais ao serviço do Senhor.

Conheceu, naquele tempo, os franciscanos, bem como a vida pobre que levavam. Acompanhou o episódio dos cinco frades que deixaram sua terra para pregar o Evangelho aos muçulmanos e que foram martirizados por seguirem Jesus e pregavam a sua Palavra.

Ao saber desse fato, Fernando se decidiu. Deixou o convento em que estava e onde tinha uma vida confortável, e ingressou no convento dos franciscanos, desejoso de ser enviado a terras estrangeiras para pregar o Evangelho e talvez morrer, dando a vida por Jesus e pelos irmãos.

Ao entrar na Ordem dos franciscanos, mudou seu nome para Antônio, para significar que estava vivendo uma vida totalmente nova.

Leitura bíblica: Marcos 16,12-16

> Depois disso, Jesus apareceu a dois deles, sob outra aparência, enquanto estavam indo para o campo. Eles contaram aos outros. Também não acreditaram nesses dois.
>
> Por fim, Jesus apareceu aos onze discípulos, enquanto estavam comendo. Ele os criticou pela falta de fé e pela dureza de coração, porque não tinham acreditado naqueles que o tinham visto ressuscitado. E disse-lhes: "Ide pelo mundo inteiro e anunciai a Boa-Nova a toda criatura! Quem crer e for batizado será salvo. Quem não crer será condenado".

Reflexão

Desde cedo, Antônio fez da Palavra de Deus o alimento constante de sua vida cristã, a luz de seus passos, guia de sua vida. Também, para nós, a Bíblia permanece um amoroso convite de Deus para adentrarmos em seus caminhos de vida e santidade. Que estima, que cuidado e atenção estamos dando à Palavra de Deus?

Oração

Senhor, que a exemplo de Santo Antônio a tua Palavra seja sempre a luz de meus passos, guia e conforto de meus caminhos, em todos os dias de minha vida. Amém!

3º DIA

Antônio tinha decidido entrar na Ordem dos franciscanos para tornar-se missionário no estrangeiro, pregando a Palavra de Deus, disposto a tudo, até a morrer por causa do Evangelho.

Em 1220, Antônio, com um companheiro, deixou sua terra. Embarcou em Lisboa e foi navegando para a África. Mal havia posto pé em terra, apanhou uma febre que o manteve prostrado vários meses.

Quando ficou bastante forte para poder viajar, voltou para sua terra. Durante a sua permanência na África, não pregou um só sermão, não converteu um só muçulmano, não derramou uma só gota de sangue por Cristo.

A primeira tentativa de Frei Antônio foi um total fracasso.

Leitura bíblica: Lucas 13,6-9

Jesus contou esta parábola: "Certo homem tinha uma figueira plantada na sua vinha. Foi lá procurar figos e não encontrou. Então disse ao agricultor: 'Já faz três anos que venho procurando figos nesta figueira e nada encontro. Corta-a! Para que está ocupando inutilmente a terra?'. Ele, porém, respondeu: 'Senhor, deixa-a ainda este ano. Vou cavar em volta e pôr adubo. Pode ser que venha a dar fruto. Se não der, então a cortarás'".

Reflexão

Sim, Santo Antônio teve muitos sucessos, como também insucessos em sua vida! Só que o santo, em sua visão de fé, não permitia que estes lhe ofuscassem a alegria de viver e de amar. Sofrimentos e fracassos, paz e alegria podem caminhar de mãos dadas. Tudo depende de como os encaramos. Se os recebermos como males, eles se tornarão males. Se os olharmos com a esperança que vem da fé e confiança no Deus da vida e da alegria, então passaremos por eles com a leveza de quem sobrevoa uma tempestade sem prejuízos. Para os que amam a Deus, tudo contribui para o bem.

Oração

Senhor Deus, que amas a todos os teus filhos e filhas e queres que sejam felizes, concede-nos administrar bem os acontecimentos bons e maus da vida, para não nos abatermos no sofrimento nem nos desviarmos nas alegrias. E assim tudo contribua para tua glória e nosso bem. Por Cristo nosso Senhor. Amém!

4º DIA

Antônio, sem dúvida, teria ficado muito abatido com a volta para sua terra. Na viagem de volta, uma tempestade desviou o navio em que viajava para outra terra: a Sicília.

Depois de recuperar-se, dirigiu-se ao encontro de Francisco de Assis e, daí, foi para outras cidades. Sempre com os irmãos franciscanos, viveu de verdade a pobreza.

Reparou, no entanto, que no convento todos trabalhavam; só ele ficava rezando e estudando a Sagrada Escritura. Os outros irmãos achavam natural ele viver assim, porque era padre. Mas, um dia, ele apareceu na cozinha e pediu ao cozinheiro que o deixasse ajudar na lavagem dos pratos, a tirar a mesa e a lavar o chão depois do jantar.

Leitura bíblica: João 13,12-17

Vós me chamais de Mestre e Senhor; e dizeis bem, porque sou. Se eu, o Senhor e Mestre, vos lavei os pés, também vós deveis lavar os pés uns aos outros. Dei-vos o exemplo, para que façais assim como eu fiz para vós. Em verdade, em verdade, vos digo: o servo não é maior do que seu senhor, e o enviado não é maior do que aquele que o enviou. Já que sabeis disso, sereis felizes se o puserdes em prática.

Reflexão

Santo Antônio descobriu o equilíbrio entre estudo, oração, trabalho e descanso. É um exemplo para nós, que também precisamos ter esse equilíbrio, a fim de manter a saúde do corpo e do espírito. Dessa forma, teremos as melhores condições de amar e servir a Deus, amando e servindo ao próximo. E que a Palavra de Deus seja sempre alegria e conselheira de nossos dias.

Oração

Pai santo, em nome de Jesus, teu filho, nosso Senhor, dá-nos o teu Espírito Santo, para que possamos conhecer-te e amar-te sempre mais. Amém!

5º DIA

A primeira vez que Antônio pregou foi num dia em que os outros padres, que estavam presentes na igreja, não queriam que ele pregasse.

Mas falou tão bem, que todos ficaram entusiasmados. Daquele dia em diante, multidões de homens e mulheres procuravam escutá-lo. O seu auditório contava, às vezes, com mais de trinta mil pessoas.

Na pregação, Antônio insistia, como João Batista, na necessidade da conversão, da mudança de vida. Muitas vezes, depois que acabava de pregar, o número de pessoas que queria confessar-se era tão grande que não havia, nas redondezas, sacerdotes bastantes para ouvir as confissões dos que queriam mudar de vida.

Um homem muito idoso contava deste jeito seu encontro com Antônio: "Eu era ladrão de profissão. Pertencia a uma quadrilha de doze ladrões. Vivíamos no mato e assaltávamos todos os que passavam. Tendo ouvido a fama da pregação de Antônio, resolvemos ir, disfarçados, ouvir o sermão dele. Assim que escutamos as suas palavras, começamos a sentir remorso e contrição dos nossos pecados e crimes e decidimos mudar a nossa vida".

Leitura bíblica: Lucas 3,3-11

Ele percorreu toda a região do Jordão, pregando um batismo de conversão para o perdão dos pecados, como está escrito no livro dos oráculos do profeta Isaías:

Voz de quem clama no deserto:
Preparai o caminho do Senhor,
endireitai as veredas para ele.
Todo vale será aterrado;
toda montanha e colina serão rebaixadas;
as passagens tortuosas serão endireitadas,
e os caminhos esburacados, aplanados.
E todos verão a salvação que vem de Deus.

João dizia ainda às multidões que iam a ele para serem batizadas: "Víboras que sois, quem vos ensinou a querer fugir da ira que está para chegar? Produzi frutos que mostrem vossa conversão, e não comeceis a dizer a vós mesmos: 'Nosso pai é Abraão!', pois eu vos digo: Deus pode destas pedras suscitar filhos para Abraão. O machado já está posto à raiz das árvores. Toda árvore que não der bom fruto será cortada e lançada ao fogo".

As multidões lhe perguntavam: "Que devemos fazer?". João respondia: "Quem tiver duas túnicas, dê uma a quem não tem; e quem tiver comida, faça o mesmo!".

Reflexão

A Palavra de Deus é uma espada de dois gumes, diz a Escritura. Precisamos adquirir o gosto por essa Palavra e a graça de vivê-la; e isso depende de nós, como também da ajuda de Deus. A Palavra de Deus nos questiona, pede mudança de vida, pede conversão. Pede também que nossa vida seja um testemunho vivo dessa Palavra divina. Esse era o apelo forte que Santo Antônio fazia em seus sermões e que até hoje ressoa para todos nós.

Oração

Senhor Deus, concede-nos conhecer e amar sempre mais a tua Palavra. Que ela nos transforme, como fogo ardente que aquece, ilumina e nos faz testemunhas vivas de teu Filho, que contigo vive e reina, na unidade do Espírito Santo. Amém!

6º DIA

Uma noite, Antônio, sempre a caminho para pregar a Palavra de Deus, pediu hospedagem numa mansão.

Depois do jantar, recolheu-se ao seu quarto e, como sempre, continuou a rezar durante a noite.

Subitamente, foi envolvido por uma luz e apareceu Jesus menino para conversar com ele.

O dono da casa, que tinha oferecido hospedagem a Antônio, reparou a luz extraordinária que enchia a casa e viu a visão com os próprios olhos.

Por isso, as imagens de Santo Antônio nos apresentam o santo com o menino Jesus nos braços, para nos lembrar da intimidade que existia entre Jesus e o santo e para nos incentivar a ter a mesma amizade com Jesus.

Leitura bíblica: Mateus 6,5-14

Vendo as multidões, Jesus ensinou:

"Quando orardes, não sejais como os hipócritas, que gostam de orar nas sinagogas e nas esquinas das praças, em posição de serem vistos pelos outros. Em verdade vos digo: já receberam a sua recompensa. Tu, porém, quando orares, entra no teu quarto, fecha a porta e ora ao teu Pai que está no escondido. E o teu Pai, que vê no escondido, te dará a recompensa.

Quando orardes, não useis de muitas palavras, como fazem os pagãos. Eles pensam que serão ouvidos por força das muitas palavras. Não sejais como eles, pois o vosso Pai sabe do que precisais, antes de vós o pedirdes.

Vós, portanto, orai assim:

Pai nosso que estás nos céus,
santificado seja o teu nome;
venha o teu Reino;
seja feita a tua vontade,
como no céu, assim também na terra.
O pão nosso de cada dia dá-nos hoje.
Perdoa as nossas dívidas,
assim como nós perdoamos aos que nos devem.
E não nos introduzas em tentação,
mas livra-nos do Maligno.

De fato, se vós perdoardes aos outros as suas faltas, vosso Pai que está nos céus também vos perdoará".

Reflexão

Rezar é amar. Os santos faziam da oração um constante amor a Deus. E não apenas os santos, mas todos nós, cristãos, somos chamados à oração de intimidade com Deus. Peçamos humildemente essa graça. Afinal, foi o próprio Jesus quem nos ensinou a chamar de Pai àquele cujo nome os antigos nem sequer ousavam pronunciar.

Oração

Pai nosso, que estás no céu, santificado seja o teu nome, venha o teu reino, seja feita a tua vontade na terra como no céu... como Santo Antônio, que buscou só e sempre a tua vontade, Senhor! Amém!

7º DIA

Antônio, ao pregar o Evangelho, não tinha medo de ferir os outros. Sua preocupação era com a verdade.

Um rico senhor morreu. Durante sua vida terrena tinha acumulado grandes riquezas, sem escrúpulos, aproveitando-se dos fracos, explorando os pobres. Antônio, na pregação, condenou as ações do rico, lembrando aquele trecho do Evangelho em que Jesus afirma que "é mais fácil um camelo passar pelo buraco de uma agulha do que um rico entrar no Reino de Deus" (Mt 19,24). A família do finado ficou furiosa. Então, Antônio dirigiu-se à casa do falecido e, diante de todos, mandou que abrissem o cofre-forte, pois aí encontrariam o coração daquele que morrera. Contam que os presentes insistiram em verificar. Aberto o cofre-forte, depararam com o coração pulsando em meio ao dinheiro.

Leitura bíblica: Lucas 19,1-10

Jesus tinha entrado em Jericó e estava passando pela cidade. Havia ali um homem chamado Zaqueu, que era chefe dos publicanos e muito rico. Ele procurava ver quem era Jesus, mas não conseguia, por causa da multidão, pois era baixinho. Então ele correu à frente e subiu numa árvore para ver Jesus, que devia passar por ali. Quando Jesus chegou ao lugar, olhou para cima e disse: "Zaqueu, desce depressa! Hoje eu devo ficar na tua casa". Ele desceu depressa, e o recebeu com alegria. Ao ver isso, todos começaram a murmurar, dizendo: "Foi hospedar-se na casa de um pecador!". Zaqueu pôs-se de pé, e disse ao Senhor: "Senhor, a metade dos meus bens darei aos pobres, e se prejudiquei alguém, vou devolver quatro vezes mais". Jesus lhe disse: "Hoje aconteceu a salvação para esta casa, porque também este é um filho de Abraão. Com efeito, o Filho do Homem veio procurar e salvar o que estava perdido".

Reflexão

"Onde está o teu tesouro, aí está o teu coração", disse Jesus. É verdade que precisamos dos bens materiais para viver, mas sem apego. Quem se apega a eles inverte a situação: de servos, os bens se tornam senhores despóticos, impiedosos. E não deixam entrar no Reino dos céus, porque fecham o coração à graça de Deus. Santo Antônio era modelar no desapego aos bens terrenos. Até mesmo renunciou à herança paterna, a fim de conquistar a liberdade no serviço de Deus.

Oração

Senhor Deus, somos fortemente tentados a possuir, a mandar, a nos aproveitar das pessoas e das coisas. Somente tu nos podes libertar o coração do apego desordenado aos bens desta terra. Volta nosso coração, como o fizeste a Santo Antônio, para os bens celestes, onde nos aguarda a felicidade eterna. Por Cristo, Senhor nosso, que contigo vive e reina, na unidade do Espírito Santo. Amém!

8º DIA

Antônio estava cansado de tanto andar, pregando a Palavra de Deus. Era muito conhecido e, quando chegava a uma cidade, fechava-se o comércio para permitir a todos que escutassem seus sermões.

Sentindo que a morte estava perto de chegar, decidiu empregar todo o tempo possível na contemplação e na oração.

Pediu para que permitissem, a ele e a alguns irmãos, construir choupanas na floresta, perto de Pádua, a fim de que, na solidão daquele lugar, pudessem aplicar-se à oração e à contemplação.

Assim, no silêncio das selvas, levantaram uma cela para Antônio: a última morada de um homem que tinha nascido num palácio.

No ano de 1231, o dia 13 junho caiu numa sexta-feira. Ao meio-dia, Antônio foi tomar parte na refeição comum. Sentiu, de repente, muita fraqueza, e seus companheiros o retiraram da mesa, carregado. Achando que na cidade ele receberia melhor assistência na sua doença, levaram-no para Pádua. Faleceu no caminho, depois de se confessar e receber a unção dos enfermos.

Leitura bíblica: Mateus 24,45-51

Jesus disse: "Quem é o servo fiel e prudente, que o senhor encarregou do pessoal da casa, para lhes dar alimento na hora certa? Feliz aquele servo que o senhor, ao chegar, encontrar agindo assim. Em verdade vos digo, ele lhe confiará a administração de todos os seus bens. O servo mau, porém, se pensar consigo mesmo: 'Meu senhor está demorando' e começar a bater nos companheiros e a comer e a beber com os bêbados, então o senhor desse servo virá num dia inesperado e numa hora imprevista. Ele o excluirá e lhe imporá a sorte dos hipócritas. Ali haverá choro e ranger de dentes".

Reflexão

Antônio cultivou em vida grande amor à oração e união com Deus. Faleceu exatamente num período de muita oração e contemplação. Diz um provérbio: "A árvore cai para o lado ao qual pende". Que a nossa vida esteja sempre pendente para o lado de Deus; ou seja, no amor, na oração, no serviço ao próximo. E possamos no final de nossa caminhada terrena, tal como nosso protetor, Santo Antônio, sentir a alegria de termos servido e amado a Deus e ao próximo.

Oração

Senhor Deus, a vida é tão breve! Concede-nos, pela intercessão de Santo Antônio, transcorrê-la na alegria de te amar e servir, amando e servindo ao nosso próximo. Por Jesus Cristo, teu Filho, que contigo vive e reina, na unidade do Espírito Santo. Amém.

9º DIA

Quando o corpo de Antônio chegou a Pádua, as crianças corriam pela rua, gritando: "O santo frade Antônio morreu! O santo frade Antônio morreu!".

Santo Antônio deixou para nós muitos ensinamentos. O principal, sem dúvida, foi seu amor a Deus e aos irmãos.

Um detalhe que chama bastante nossa atenção foi seu amor à Sagrada Escritura. Durante toda a sua vida estudou os livros sagrados e ensinava a Bíblia aos frades. Nos sermões, gostava sempre de relatar as palavras e os fatos de Jesus. Naquele tempo, ter um livro não era tão fácil como hoje. Mas Antônio tinha uma Bíblia, em cujas margens ia anotando seus estudos, lições, comparações e pensamentos.

Para Antônio, a Bíblia era uma luz que ilumina a história de hoje. Nas imagens de Santo Antônio, ele está conversando com o menino Jesus e tem um livro na mão; esse livro é a Bíblia.

Ele continua a nos transmitir esta mensagem: seus verdadeiros devotos leem e amam a Bíblia.

Leitura bíblica: Salmo 119(118),103-106

Como são doces ao meu paladar tuas promessas:
mais que o mel para minha boca.
Dos teus preceitos recebo inteligência,
por isso odeio todo caminho falso.
Lâmpada para meus passos é tua palavra
e luz no meu caminho.
Jurei, e o confirmo, guardar tuas justas normas.

Reflexão

Durante toda a sua vida, Santo Antônio cultivou grande intimidade com Jesus e a Palavra de Deus. É um grande incentivo para nós, cristãos, pois a prática constante e amorosa da Palavra de Deus nos leva à amizade e intimidade com Jesus, nos leva à santidade à qual fomos todos chamados em força de nosso Batismo.

Oração

Senhor Deus, dá-nos o amor pela Sagrada Escritura, onde possamos encontrar sempre o caminho luminoso e seguro para vivermos nossa vocação cristã e cumprir, assim, tua santa vontade, que é o nosso maior bem. Por Cristo, nosso Senhor, que contigo vive e reina, na unidade do Espírito Santo. Amém.

10º DIA

Muitas são as devoções com que se procura venerar Santo Antônio. Estamos familiarizados com a caridosa devoção conhecida pelo nome de "Pão de Santo Antônio". Em muitas igrejas, temos visto caixas onde os fiéis podem depositar pequenas esmolas, que se destinam à alimentação dos pobres que recorrem ao "Pão de Santo Antônio".

Leitura bíblica: Mateus 25,31-46

Jesus disse: "Quando o Filho do Homem vier em sua glória, acompanhado de todos os anjos, ele se assentará em seu trono glorioso. Todas as nações da terra serão reunidas diante dele, e ele separará uns dos outros, assim como o pastor separa as ovelhas dos cabritos. E colocará as ovelhas à sua direita e os cabritos, à sua esquerda. Então o Rei dirá aos que estiverem à sua direita: 'Vinde, benditos de meu Pai! Recebei em herança o Reino que meu Pai vos preparou desde a criação do mundo! Pois eu estava com fome, e me destes de comer; estava com sede, e me destes de beber; eu era forasteiro, e me recebestes em casa; estava nu e me vestistes; doente, e cuidastes de mim; na prisão, e fostes visitar-me'. Então os justos lhe perguntarão: 'Senhor, quando foi que te vimos com fome e te demos de comer, com sede, e te demos de beber? Quando foi que te vimos como forasteiro, e te recebemos em casa, sem roupa, e te vestimos? Quando foi que te vimos doente ou preso, e fomos te visitar?'. Então o Rei lhes responderá: 'Em verdade, vos digo: todas as vezes que fizestes isso a um destes mais pequenos, que são meus irmãos, foi a mim que o fizestes!'. Depois, o Rei dirá aos que estiverem à sua esquerda: 'Afastai-vos de mim, malditos! Ide para o fogo eterno, preparado para o diabo e para os seus anjos. Pois eu estava com fome, e não me destes de comer; com sede, e não me destes de beber; eu era forasteiro, e não me recebestes em casa; nu, e não me vestistes; doente e na prisão, e não fostes visitar-me'. E estes responderão: 'Senhor, quando foi que te vimos com fome ou com sede, forasteiro ou nu, doente ou preso, e não te servimos?'. Então, o Rei lhes responderá: 'Em verdade, vos digo, todas as vezes que não fizestes isso a um desses mais pequenos, foi a mim que o deixastes de fazer!'. E estes irão para o castigo eterno, enquanto os justos irão para a vida eterna".

Reflexão

Se é verdade que as devoções a Santo Antônio são muitas, a melhor delas é aquela em que nos sentimos mais incentivados a amar a Deus e ao próximo. Vamos, pois, praticar a que melhor nos ajuda a viver nossa fé cristã, amando sinceramente nosso próximo: rezar, acender velas, dar esmolas, o "pão dos pobres" etc., mas com verdadeiro espírito cristão de fraternidade e paz, como fez Santo Antônio.

Oração

Senhor Deus, que a religião não se torne para nós um jogo interesseiro de "toma-lá-dá-cá"; mas seja uma força transformadora de vida, que nos torne sempre mais conscientes de nossa fé cristã, comprometidos com Jesus Cristo, vosso Filho, que contigo vive e reina, na unidade do Espírito Santo. Amém.

11º DIA

Santo Antônio é considerado padroeiro por muitas pessoas. Mas o que significa considerar Santo Antônio padroeiro?

Santo Antônio é o santo dos impossíveis. Aquele a quem se recorre quando as coisas andam mal, aquele que pode interceder a Deus por nós. Sabemos que Santo Antônio apresenta suas orações por nós ao Senhor. Se em vida fez muitos milagres, continua sendo um santo bem poderoso. Tudo isso está certo, mas não é o mais importante. Considerar Santo Antônio como nosso padroeiro significa, sobretudo, querer imitar o que ele fez, imitar suas ações.

Devemos imitar o amor de Antônio por Deus, sua dedicação à oração, ele que ficava horas a fio conversando com Jesus menino.

Devemos imitar o amor de Antônio pela Sagrada Escritura, ele que tinha a Bíblia como livro de cabeceira, que não media sacrifício para transmitir a todos a Palavra de Deus.

Devemos imitar o amor de Antônio pelos irmãos, ele que enfrentava qualquer sacrifício para atender ao próximo, que se colocava a serviço dos outros.

Devoção a Santo Antônio é, antes de qualquer coisa, imitar o que ele fez.

Leitura bíblica: Lucas 6,46-49

Jesus disse: "Por que me chamais: 'Senhor! Senhor!', mas não fazeis o que vos digo? Vou mostrar-vos com quem se parece todo aquele que vem a mim, ouve as minhas palavras e as põe em prática. É semelhante a alguém que, para construir uma casa, cavou fundo e firmou o alicerce sobre a rocha. Veio a enchente, a correnteza atingiu a casa, mas não conseguiu derrubá-la, porque estava bem construída. Aquele, porém, que ouve e não põe em prática, é semelhante a alguém que construiu uma casa no chão, sem alicerce. A correnteza atingiu a casa, e ela, imediatamente, desabou e ficou totalmente destruída".

Reflexão

Os santos estão tão perto de Deus que têm acesso muito maior aos favores divinos em prol de seus irmãos na terra. Eles nos são propostos como exemplos de verdadeiros discípulos de Jesus, pois viveram em grau mais profundo e intenso o amor de Deus e cumpriram melhor sua missão nesta terra. Assim viveu Santo Antônio. Ele leva nossas preces a Jesus, nosso Mediador, que as apresenta ao Pai.

Oração

Senhor Deus, que tornaste Santo Antônio o santo dos impossíveis, concede-nos por sua intercessão as graças de que tanto precisamos... (citá-las). Sobretudo, que tenhamos maior fé, esperança e caridade, para que vos glorifiquemos nesta terra e possamos um dia desfrutar das eternas alegrias no céu. Por Cristo, senhor nosso, que contigo vive e reina, na unidade do Espírito Santo. Amém.

12º DIA

No Brasil, Santo Antônio é considerado o "santo casamenteiro". Há muitos séculos existe, por parte das moças que desejam casar-se, a prática de recorrer ao santo.

Ninguém sabe por que foi Santo Antônio o escolhido como o santo forte para ajudar nos casamentos. O importante, para nós, é descobrir a mensagem que o santo nos transmite sobre o casamento.

Conta a história ou lenda que, no tempo de Santo Antônio, moça nenhuma podia casar sem dote. Uma jovem que queria casar-se e não tinha dote recorreu ao santo e expôs-lhe o problema. Santo Antônio escreveu a um ourives, grande amigo seu, um bilhete que dizia: "Dê a esta moça tanto ouro quanto pesar este bilhete".

O ourives leu o bilhete, riu gostosamente, mas resolveu colocar o bilhete na balança, a modo de gozação. Para sua surpresa, o bilhete começou a pesar. E pesou tanto, que o ourives acabou por dar à moça exatamente a quantia em ouro de que ela precisava para o dote. E assim pôde casar-se com dignidade, segundo os conceitos da época.

Leitura bíblica: Gênesis 2,18-24

O Senhor Deus disse: "Não é bom que o homem esteja só. Vou fazer-lhe uma auxiliar que lhe corresponda". Então, o Senhor Deus formou da terra todos os animais selvagens e todas as aves do céu, e apresentou-os ao homem para ver como os chamaria; cada ser vivo teria o nome que o homem lhe desse. E o homem deu nome a todos os animais domésticos, a todas as aves do céu e a todos os animais selvagens, mas não encontrou uma auxiliar que lhe correspondesse. Então o Senhor Deus fez vir sobre o homem um profundo sono, e ele adormeceu. Tirou-lhe uma das costelas e fechou o lugar com carne. Depois, da costela tirada do homem, o Senhor Deus formou a mulher e apresentou-a ao homem. E o homem exclamou: "Desta vez sim, é osso dos meus ossos e carne da minha carne! Ela será chamada 'humana' porque do homem foi tirada". Por isso deixará o homem, o pai e a mãe e se unirá à sua mulher, e eles serão uma só carne.

Reflexão

Em geral, consideramos as necessidades do próximo segundo nossos conceitos pessoais. Assim, achamos sem importância alguma, o que pode ser muito importante para ele. Santo Antônio nos dá grande exemplo de compreensão e acolhimento ao próximo, ajudando a jovem, num assunto de pouca importância para ele, mas tão importante para ela.

Oração

Pai, que em Jesus nos deste todos os bens, concede-nos amar de tal modo o nosso próximo, que possamos sempre ajudá-lo e compreendê-lo em suas necessidades, mesmo sem importância para nós, tal como nos deu exemplo Santo Antônio. Por teu filho Jesus, na unidade do Espírito Santo. Amém.

13º DIA

Santo Antônio viveu num tempo de brigas e de guerras. Pregou a todos o amor, a união, incentivando--os a viver em comunidade.

Comunidade é o que nós também queremos realizar. Encontramo-nos durante estes dias justamente para conhecer mais o santo e para aumentar, entre nós, o conhecimento e a amizade.

Leitura bíblica: 1Jo 4,7-11

> Caríssimos, amemo-nos uns aos outros, porque o amor vem de Deus e todo aquele que ama nasceu de Deus e conhece Deus. Quem não ama, não chegou a conhecer Deus, pois Deus é amor. Foi assim que o amor de Deus se manifestou entre nós: Deus enviou o seu Filho único ao mundo, para que tenhamos a vida por meio dele. Nisto consiste o amor: não fomos nós que amamos a Deus, mas foi ele que nos amou e enviou o seu Filho como oferenda de expiação pelos nossos pecados. Caríssimos, se Deus nos amou assim, nós também devemos amar-nos uns aos outros.

Reflexão

Muitos pais dão aos filhos o nome de Antônio, Antônia, a fim de terem uma proteção especial do santo. Mas todos podemos receber a proteção de Santo Antônio nas mais diversas necessidades da vida. Que ele nos obtenha de Deus, sobretudo, a fé, a esperança e o amor ao Pai e ao próximo, a fim de recebermos as graças necessárias para o nosso dia a dia e vivermos com profundidade nossa vida cristã.

Oração

Lembrai-vos, ó glorioso Santo Antônio, amigo do menino Jesus, filho querido de Maria Imaculada, de que nunca se ouviu dizer que algum daqueles que tenha recorrido a vós e implorado a vossa proteção tenha sido por vós abandonado. Animado de igual confiança, venho a vós, ó fiel consolador dos aflitos, gemendo sob o peso dos meus pecados; e, embora pecador, ouso aparecer diante de vós. Não rejeiteis, pois, a minha súplica, vós que sois tão poderoso junto ao coração de Jesus, mas escutai-a favoravelmente e dignai-vos atendê-la. Amém.

RESPONSÓRIO DE SANTO ANTÔNIO

Certamente você já ouviu falar em *Si Quaeris* ou *Responsório de Santo Antônio*. É uma oração simples e confiante:

Se milagres tu procuras
Pede-os logo a Santo Antônio.
Fogem dele as desventuras,
Erros, males e o demônio.

Torna manso o iroso mar,
Da prisão quebra as correntes,
Bens perdidos faz achar
E dá saúde aos doentes.

Aflições, perigos, cedem
Pela sua intercessão;
Dons recebe se lhos pedem
O mancebo e o ancião.

Em qualquer necessidade
Presta auxílios soberanos;
De sua alta caridade
Fale a voz dos paduanos.

Glória seja dada ao Pai.
Glória ao Filho, nosso bem,
Glória ao Espírito Santo
Pelos séculos. Amém.

A invocação foi composta por São Boaventura, logo após a morte de Santo Antônio. Foi escrita em latim, como ainda a sabem de cor muitas pessoas:

Si quaeris mirácula,
Mors, error calámitas,
Daemom lepra fugiunt,
Aegri surgunt sani.

Cedunt mare, víncula,
Membra resque pérditas
Petunt et accípiunt
Júvenes et cani.

Péreunt perícula,
Cessat et necéssitas,
Narrent hi qui séntiunt,
Dicant Paduáni.